SENIOR 위한 유쾌한 단짝

KB215500

사랑에 나이란 숫자에 불과하다!

안녕하세요. 처음 원고 집필을 시작했던 때가 벚꽃이 만개한 봄이었는데 무더운 여름을 지나 어느새 가을의 문턱에 서 있네요. 중·고등학생 시절 질풍노도의 청소년 시기를 지나며 저 또한 여러 덕질에 푹 빠져있던 시절이 있었습니다. 좋아하는 영화 개봉일, 감독의 해석, 출연 배우의 라디오 등 무수히 많은 창작물을 하나라도 놓치지 않기 위해 엄청난 애를 썼었죠. 저의 이러한 열정에는 스마트폰의 도움이 컸습니다. 어린 나이부터 자연스레 스마트 기기를 접했던 세대라 검색이나 앱을 활용해 어렵지 않게 정보를 수집했고 덕분에 즐거운 덕질 생활을 할 수 있었습니다. 지금에서야 돌이켜보면 스마트폰 없는 덕질 생활은 상상조차 되지 않습니다.

 그런데 저에게는 이토록 편리했던 스마트 기기가 누군가에게는 참 어려운 숙제라는 걸 최근 깨닫게 되었습니다. 바로 어머니의 덕질 생활을 도와드리며 인데요. 어머니는 응원하는 가수의 다양한 활동 모습을 보고 싶어 하셨고 그럴 때마다 옆에서 스마트폰의 사용 방법을 알려드렸지만 과정이 조금만 복잡해도 많이 힘들어하시더라고요. 부모님께서 왜 늘 쓰는 기능만 사용하는지 알 거 같았습니다. 그리고 이 어려움은 비단 우리 부모님만의 이야기가 아닐 거라 생각합니다. 누구나 처음이라면 마주할 어려움이고 저는 그 문제를 해결하고 싶어서 이 책을 집필하게 되었습니다.

원고 집필을 시작하고 얼마되지 않아 취재차 유명 트로트 가수의 콘서트에 방문했습니다. 5월의 햇볕이 여름의 태양보다 더 뜨거운 날이었습니다. 콘서트 시작 직전에는 주변이 많이 혼잡해질 것을 우려해 점심 즈음 공연장에 미리 도착했는데 역을 빠져나온 순간 저는 깜짝 놀랐습니다. 콘서트 시작까지 아직 4~5시간이 남은 시간이었지만 엄청난 인파로 공연장 주변은 인산인해였습니다. 똑같은 컬러의 티셔츠를 맞춰 입고 한 손에는 응원봉을 꽉 쥔 채 일행과 사진을 찍으며 웃는 모습을 보고 있노라니 덕질이란 무엇인가에 대한 심오한 생각이 들더군요. 기대와 설렘으로 가득한 표정을 바라보며 저도 형언할 수 없는 끓어오름을 느꼈고 그날 목격한 파란 물결은 원고를 쓰는 내내 불쑥 찾아와 저에게 큰 힘을 주었습니다.

여러분의 덕질 생활이 스마트폰 사용으로 좀 더 편리해지길 바라며 덕질에 꼭 필요한 핵심 기능과 앱을 선별해 사용 방법을 담았습니다. 부디 이 책이 방법을 몰라 길을 헤매고 있는 분들에게 큰 도움이 되었으면 합니다.

끝으로 방대한 원고를 정리해 준 담당 편집자님과 시대인 출판사 그리고 독자 여러분께 감사 인사를 전합니다.

가을날 작업실에서

윤찬혜

이 책의 구성

Chapter 01
덕질의 시작,
팬카페 가입하기

팬카페란 내가 좋아하는 연예인의 다양한 소식을 공유하고 활동하는 커뮤니티를 말합니다. 공식 스케줄에서 부터 콘서트 일정 등 중요한 정보를 가장 먼저 알 수 있는 곳이기도 하죠. 이 번 챕터에서는 덕질의 시작이라고도 할 수 있는 팬카페 가입 방법을 알아보겠습니다.

들어가기

이번 챕터에서 학습할 내용을 간단히 소개합니다.

간추린 만화

본문에서 학습할 핵심 내용을 만화 형태로 빠르게 확인합니다.

step 1 네이버 밴드 가입하기

01 홈 화면에서 [play 스토어] 앱을 터치해 실행한 후 검색란을 터치합니다.

02 검색란에 '네이버밴드'를 입력하고 관련 앱 목록이 나
타나면 [네이버밴드]를 터치합니다.

48

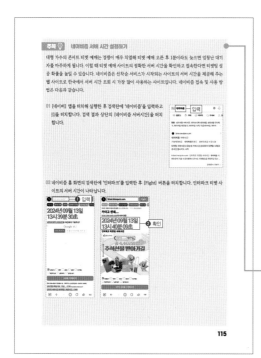

115

목차

Intro

반가워,
스마트폰!

즐거운 덕질 생활을 위해 우리는 무엇을 배워야 할까요? 덕질의 기본 도구이자 현대인들의
생활필수품 스마트폰을 잘 활용할 수 있어야 합니다. 본격적인 덕질 생활을 시작하기에 앞서
스마트폰의 기본 조작 방법에 대해 자세히 알아보겠습니다.

스마트폰 시작하기

스마트폰 조작은 크게 두 가지로 나눕니다. 외부로 돌출되어있는 물리적인 버튼을 눌러 조작하는 방법과 화면에 보이는 앱과 메뉴를 터치해 조작하는 방법입니다. 각 부분의 이름과 기능을 알아보겠습니다.

▲ 스마트폰 기기

① 상태표시줄 : 현재 시간, 배터리 상태 및 각종 알림을 보여줍니다.

② [전원(잠금)] 버튼 : 스마트폰의 잠금 상태(화면)를 켜거나 끌 때 사용합니다. 길게 누르면 전원을 끄거나 재부팅할 수 있습니다.

③ [음량] 버튼 : 스마트폰의 음량을 조절합니다. 누르는 위치에 따라 [음량(상)] 버튼과 [음량(하)] 버튼으로 나누어지며 [음량(상)] 버튼을 누르면 음량이 커지고 [음량(하)] 버튼을 누르면 음량이 작아집니다.

④ [빅스비] 버튼 : 삼성 갤럭시 모델에서 제공하는 음성 인식 인공지능 버튼입니다. 기종에 따라 버튼이 없기도 합니다.

⑤ 홈 화면 : 컴퓨터의 바탕화면처럼 앱과 위젯 등을 배치할 수 있습니다.

▲ 홈 화면

⑥ [홈] 버튼 : 짧게 터치하면 홈 화면으로 돌아가는 버튼입니다. 길게 터치하면 '구글 어시스턴스(음성 인식)'를 실행합니다. 기종에 따라 물리적인 버튼과 화면 터치식으로 구분합니다.

⑦ [최근 실행 앱] 버튼 : 최근 실행했던 앱의 목록들이 나타납니다. 기종에 따라 물리적인 버튼과 화면 터치식으로 구분합니다.

⑧ [뒤로 가기(취소)] : 실행 취소 또는 한 단계 이전으로 돌아갑니다. 기종에 따라 물리적인 버튼과 화면 터치식으로 구분합니다.

⑨ 앱스 화면 : 설치된 앱을 모아서 볼 수 있는 화면입니다.

스마트폰 터치 방법

스마트폰은 별도의 보조기구를 사용하지 않고 오직 손가락만으로 조작하며 터치 방법에 따라 기능이 분류됩니다. 기본적인 터치 방법을 알아보겠습니다.

▲ 터치

▲ 두 번 터치

동작 : 손가락 끝으로 화면이나 아이콘을 가볍게 두드립니다.

기능 : 앱을 실행하거나 메뉴를 선택할 수 있고 문자를 입력할 수 있습니다.

동작 : 손가락 끝으로 화면이나 아이콘을 빠르게 두 번 두드립니다.

기능 : 웹 페이지 및 사진을 확대하거나 텍스트를 블록 설정할 수 있습니다.

주목 💡

화면을 빠르게 연속 터치하는 방법입니다. 화면의 모서리 부분은 터치가 인식되지 않을 수 있으니 유의하세요.

▲ 길게 터치

▲ 드래그

동작 : 손가락 끝으로 화면이나 아이콘을 2초 이
상 길게 꾹 누릅니다.

기능 : 앱이나 화면에서 실행 가능한 기능의 목록
을 볼 수 있습니다.

동작 : 손가락 끝으로 아이콘이나 특정 항목을 길
게 눌러 원하는 위치로 끌어다 놓습니다.

기능 : 앱이나 폴더의 위치를 이동합니다.

주목 💡

화면에 손가락을 살짝만 눌러도 터치가 인식됩니
다. '드래그'를 이용하여 앱을 원하는 위치로 이동
해 보세요.

스마트폰 조작하기

01 [음량(하)] 버튼과 [전원] 버튼을 동시에 누르면 화면이 캡처됩니다. 화면 하단에 나타난 캡처 툴바의 동그란 부분을 터치합니다.

02 [갤러리] 앱이 실행되며 캡처된 화면이 나타납니다. [홈] 버튼을 터치해 홈 화면으로 다시 이동합니다.

주목 💡

화면 캡처는 중요한 정보를 이미지로 저장할 수 있습니다. 좋아하는 가수의 스케줄 및 방송 정보를 이미지로 저장해 확인하고 싶을 때 유용하게 사용됩니다.

▶ 배경화면 변경하기

01 잠금화면을 해제하면 스마트폰의 홈 화면이 나타납니다. 홈 화면의 빈 곳을 길게 터치합니다.

길게 터치

02 홈 편집 화면이 나타나면 [배경화면 및 스타일] 버튼을 터치합니다.

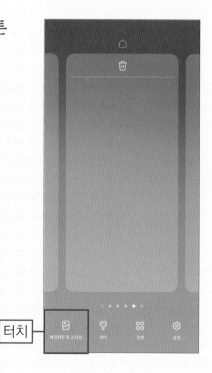

터치

03 배경화면 및 스타일 화면이 나타나면 현재 설정된 잠금화면과 홈 화면의 배경이 보입니다. [배경화면 변경] 버튼을 터치합니다.

04 원하는 이미지를 선택해 배경화면을 변경합니다.

스마트폰에서 제공하는 기본 배경화면 이미지 중 변경하고 싶은 이미지가 없다면 [갤러리] 영역에서 원하는 이미지로도 배경화면 변경이 가능합니다.

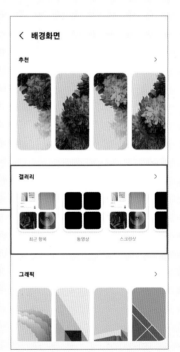

▶ 앱 설치 방법

01 홈 화면에서 [Play 스토어(▶)] 앱을 실행합니다.

02 [Play 스토어]의 홈 화면이 나타나면 검색란을 터치합니다.

03 검색란에 '네이버'를 입력하고 관련 앱 목록이 나타나
면 [네이버]를 터치합니다.

04 네이버가 검색되면 앱 정보를 확인한 후 [설치] 버튼
을 터치합니다.

05 설치가 완료되면 홈 화면으로 이동합니다. 홈 화면에
[네이버()] 앱이 추가된 것을 확인할 수 있습니다.

주목 💡

다음 방법을 이용해 [다음(D)], [다음 카페(café)], [네이버 카페()], [밴드(b)], [멜론()], [예스
24 티켓(yes)] 앱을 미리 설치하면 더 빠른 학습을 진행할 수 있습니다.

Chapter 01

덕질의 시작,
팬카페 가입하기

팬카페란 내가 좋아하는 연예인의 다양한 소식을 공유하고 활동하는 커뮤니티를 말합니다. 공식 스케줄에서 부터 콘서트 일정 등 중요한 정보를 가장 먼저 알 수 있는 곳이기도 하죠. 이번 챕터에서는 덕질의 시작이라고도 할 수 있는 팬카페 가입 방법을 알아보겠습니다.

01 홈 화면이나 앱스 화면에서 [다음] 앱을 터치해 실행합니다. 화면 상단의 검색란을 터치해 검색어를 입력하고 🔍을 터치합니다.

02 프로필 화면이 나타나면 [사이트] 영역에서 [팬카페]를 터치합니다.

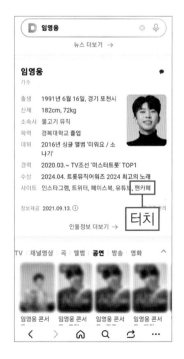

03 공식 팬카페 화면이 나타나고 메뉴 바의 [가입하기] 버튼을 터치합니다.

04 로그인 화면에서 [카카오계정으로 로그인] 버튼을 터치합니다.

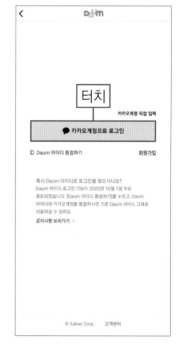

주목 💡

카카오계정이 없다면 [회원가입]을 터치해 카카오 회원가입을 완료한 후 팬카페 가입을 시도합니다.

05 가입하기 화면이 나타나고 닉네임 등록 및 카페 규칙에 대한 동의 등을 묻는 질문란에 답을 입력한 후 [확인] 버튼을 터치합니다.

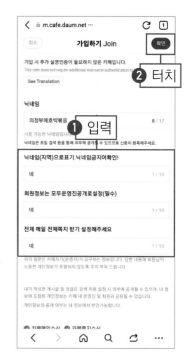

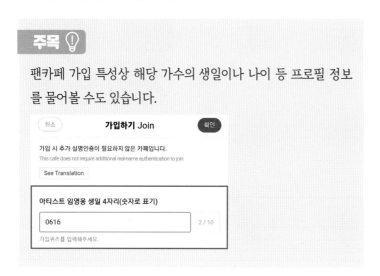

06 공식 팬카페 가입이 완료되었습니다. [첫화면 이동] 버튼을 터치합니다.

▶ 다음 카페 앱 이용하기

01 홈 화면이나 앱스 화면에서 [Play 스토어] 앱을 터치해 실행한 후 검색란에 '다음카페'
를 입력합니다. 관련 앱 목록이 나타나면 [다음카페]를 터치합니다.

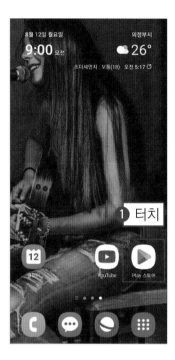

02 [다음 카페]의 앱 정보를 확인한 후 [설치] 버튼을 터치합니다. 설치가 완료되면 [열
기] 버튼을 터치합니다.

03 로그인 화면이 나타나고 화면 중앙의 [로그인] 버튼을
터치합니다.

04 카페 가입 시 연결해 놓았던 [카카오 계정]을 터치합
니다.

05 [다음 카페]의 홈 화면이 나타납니다. 자주가는 팬카페를 홈 화면에 등록하기 위해 ⊞을 터치합니다.

06 홈 화면 편집 화면이 나타나고 ▦을 터치합니다. 이어서 화면 상단의 [카페]를 터치합니다.

07 내카페 화면의 [카페] 목록에서 등록을 원하는 카페를 터치합니다.

08 홈 화면 편집 화면에서 등록할 카페를 확인한 후 ☑을 터치합니다.

09 홈 화면 적용 안내 창이 나타나면 [적용]을 터치합니다.

10 [다음 카페] 홈 화면에 팬카페가 등록됐습니다.

step 2 네이버 팬카페 가입하기

01 홈 화면이나 앱스 화면에서 [네이버] 앱을 터치해 실행한 후 검색란을 터치합니다.

02 검색란에 검색어를 입력하고 ⊙을 터치합니다.

03 검색 결과 화면의 [사이트] 영역에서 [공식팬카페]를
터치합니다.

04 공식 팬카페 홈 화면이 나타납니다. 화면 하단의 [카
페 가입하기] 버튼을 터치합니다.

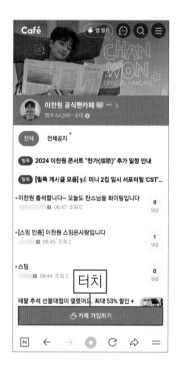

05 카페 가입하기 화면에서 별명 등록 및 카페 규칙에 대한 동의 등을 묻는 질문란에 답변을 입력합니다.

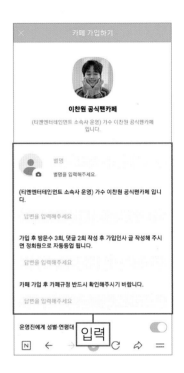

06 스크롤을 내려 화면 맨 하단의 [동의 후 가입하기] 버튼을 터치합니다.

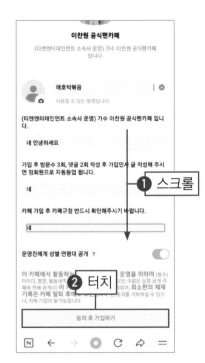

07 공식 팬카페 가입이 완료됐습니다.

덕분에 빠르게 팬카페에 가입할 수 있었어

할머니, 네이버도 [다음 카페] 앱처럼 [네이버 카페] 앱을 설치해 이용하면 더 빠르게 팬카페에 접근할 수 있어요!

Chapter 02

정보의 바다,
팬카페 살펴보기

팬카페 가입을 완료한 후 정회원이 되면 게시글을 작성하고 댓글을 남길 수 있습니다. 카페에 글을 남기면 다양한 정보를 다른 이와 공유할 수 있고 또 친목을 다질 수도 있습니다. 이번 챕터에서는 카페의 게시글과 댓글 작성하는 방법을 자세히 알아보겠습니다.

▶ 게시글 작성하기

01 홈 화면이나 앱스 화면에서 [네이버 카페] 앱을 터치해 실행합니다. [내 카페] 영역에서 가입한 팬카페를 터치합니다.

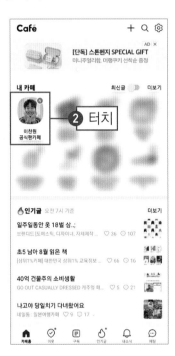

02 팬카페 홈 화면이 나타나면 화면 상단의 ≡을 터치합니다.

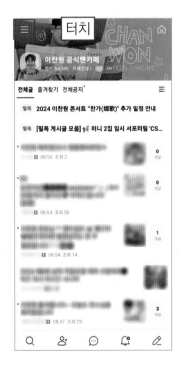

03 카페의 전체 게시판에서 신입 회원을 위한 게시판으로
이동하기 위해 스크롤을 내립니다.

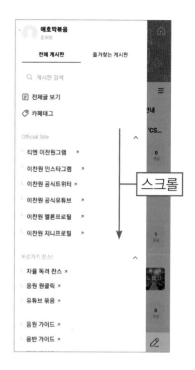

04 [신입 CHAN's 공간] 영역의 [가입인사]를 터치합니다.

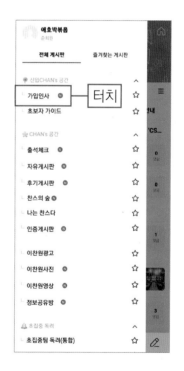

05 팬카페 화면 하단의 ✎을 터치합니다.

06 게시글 작성 화면이 나타나면 등록할 글 제목과 내용을 입력한 후 [등록] 버튼을 터치합니다.

07 글이 등록되었습니다. ☰을 터치합니다.

08 전체 게시판 상단의 [내 프로필]을 터치합니다.

09 내 프로필 화면에서 팬카페에 작성한 글과 댓글을 확인
할 수 있습니다. 최근에 등록한 게시글을 터치합니다.

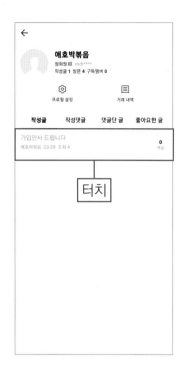

10 화면 상단의 ⋮을 터치하면 게시글 편집 메뉴가 나타납니다. 수정 사항이 없다면 [≡
목록으로]을 터치해 가입인사 화면으로 돌아갑니다.

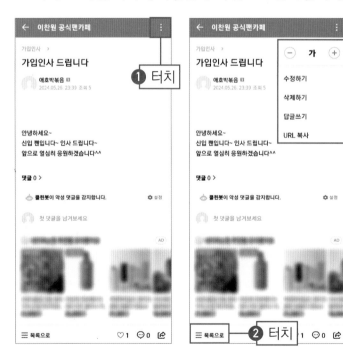

▶ 댓글 작성하기

01 댓글을 등록하기 위해 게시글 중 마음에 드는 글 하나를 터치합니다.

02 이어서 스크롤을 내려 댓글 입력란을 터치합니다.

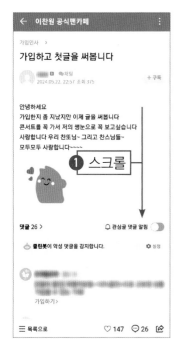

03 남기고 싶은 댓글을 입력하고 [등록] 버튼을 터치합니다. 댓글이 등록되었습니다.

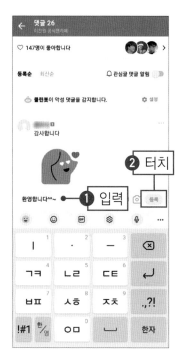

[다음 카페] 앱도 [네이버 카페] 앱과 비슷한 방법으로 게시글 및 댓글을 작성할 수 있습니다.

step 2 방송 및 공연 스케줄 확인하기

01 홈 화면이나 앱스 화면에서 [다음 카페] 앱을 터치해 실행한 후 팬카페를 터치합니다.

02 팬카페의 홈 화면이 나타나면 화면 상단의 ☰을 터치
합니다.

03 팬카페 전체 게시판에서 공식 스케줄 및 방송 정보 확인을 위한 게시판으로 이동하기 위해 스크롤을 내립니다.

04 [♥임영웅] 영역의 [스케줄 캘린더] 게시판을 터치합니다.

05 캘린더 화면의 스케줄을 터치하면 해당 일자의 스케줄을 확인할 수 있습니다.

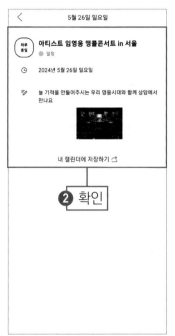

Chapter 03
덕질의 소통창구,
소모임 알아보기

팬카페 외에도 다양한 SNS 플랫폼을 이용해 덕질 문화를 즐길 수 있습니다. 대표적으로 네이버 [밴드ⓑ] 앱은 익명으로 소모임을 만들어 같은 지역의 관심사가 비슷한 사람들끼리 온·오프라인으로 만나 정보를 공유하며 친목을 다집니다. 이번 챕터에서는 네이버 밴드에 가입해 활동하며 덕질의 영역을 조금씩 넓혀 가보겠습니다.

01 홈 화면이나 앱스 화면에서 [play 스토어] 앱을 터치해 실행한 후 검색란을 터치합니다.

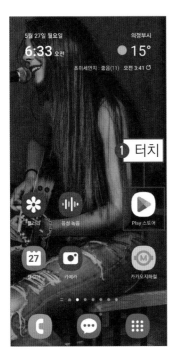

02 검색란에 '네이버밴드'를 입력하고 관련 앱 목록이 나 타나면 [네이버밴드]를 터치합니다.

03 [밴드] 앱 화면의 [설치] 버튼을 터치하고 설치가 완료되면 [열기] 버튼을 터치합니다.

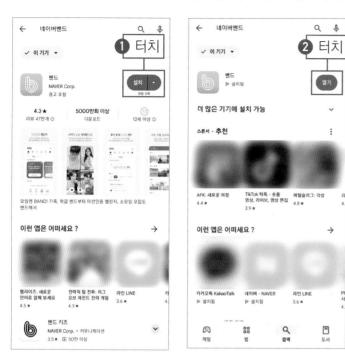

04 [밴드] 앱이 실행되고 하단의 [로그인] 버튼을 터치합니다.

05 로그인 화면에서 로그인을 원하는 계정을 선택합니다.

06 프로필 작성 화면이 나타나면 닉네임, 생년월일, 핸드
폰 번호 등의 개인 정보를 차례대로 입력하고 [완료]
버튼을 터치합니다.

07 문자 메시지로 인증 번호가 전송됐습니다. 인증 번호를
확인한 후 숫자를 입력해 인증을 완료합니다.

08 알림 화면이 나타나면 [다음] 버튼을 터치합니다.

09 [밴드] 로그인이 완료됐습니다. 상단 메뉴 바의 🔍을 터치합니다.

10 찾기 화면의 검색란을 터치합니다.

11 찾고 싶은 검색어를 입력하고 [검색] 버튼을 터치합니다.

12 검색어와 연관된 밴드 목록이 나타나면 가입을 원하는 밴드를 터치합니다.

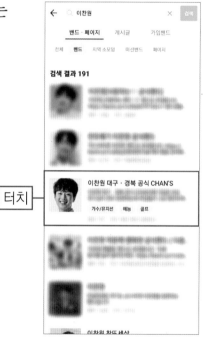

13 밴드 소개 글을 확인하여 가입 조건을 살펴본 후 [밴드 가입하기] 버튼을 터치합니다.

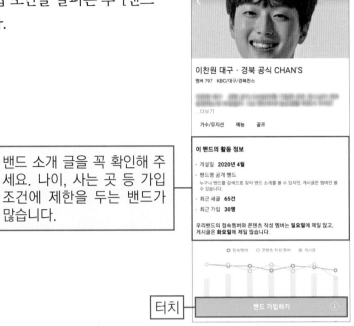

밴드 소개 글을 꼭 확인해 주세요. 나이, 사는 곳 등 가입 조건에 제한을 두는 밴드가 많습니다.

터치

14 프로필 설정 창이 나타납니다. 프로필 정보 공개와 관련한 질문에 체크한 후 [가입하기] 버튼을 터치합니다. 밴드 가입이 완료됐습니다.

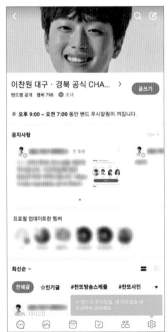

01 홈 화면이나 앱스 화면에서 [밴드] 앱을 터치한 후 실행합니다.

02 최근 가입한 밴드를 터치합니다. 가입이 승인되어 글을 쓰거나 댓글을 등록할 수 있습니다. 스크롤을 내립니다.

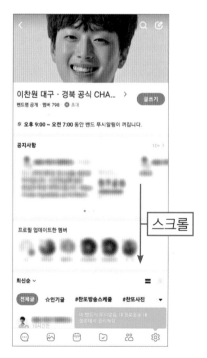

03 ▼을 터치합니다. 게시판 선택 창이 나타나면 보고싶은 게시판을 터치합니다.

04 게시판 특성에 따라 정보가 나누어져 있을 수 있습니다. 유의하여 글을 확인한 후 ＜을 터치합니다.

05 밴드의 메인 화면으로 돌아와 스크롤을 내립니다.

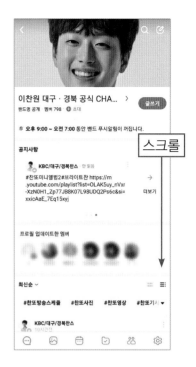

06 최신 게시글 목록 중에 읽고 싶은 게시글을 터치합니다.

07 화면을 위·아래로 스크롤해 회원들이 남긴 댓글을 확인하고 댓글 입력란을 터치합니다.

08 ☺을 터치합니다. 이모티콘 모음이 나타나면 마음에 드는 이모티콘을 터치합니다.

09 댓글에 등록할 이모티콘을 선택한 후 ▶을 터치합니다.

10 댓글이 등록되었습니다.

Chapter 04

최애 콘텐츠 감상,
동영상 앱 활용하기

좋아하는 가수의 무대뿐만 아니라 다양한 활동 영상이 보고 싶다면 [유튜브 ▶] 앱을 이용해
보세요. 소속사에서 업로드한 콘텐츠 및 공연 영상을 무료로 시청할 수 있습니다. 이번 챕터
에서는 TV 방송에서 접할 수 없었던 다채로운 유튜브 영상 콘텐츠를 찾아보며 한층 더 깊이
있는 덕질 생활을 이어가 보겠습니다.

step 1 유튜브 채널 메뉴 알아보기

유튜브 채널마다 영상 및 콘텐츠를 성격에 따라 나누어 놓은 채널 메뉴가 있습니다. 각 메뉴의 특징을 살펴보겠습니다.

① **동영상** : 최근에 업로드된 순서로 동영상 목록을 확인할 수 있습니다.

② **Shorts** : 1~2분 내의 짧은 동영상으로 영상의 하이라이트를 빠르게 확인할 수 있습니다.

③ **라이브** : [유튜브] 앱에서 진행한 라이브 영상을 확인할 수 있습니다.

④ **재생목록** : 채널에 업로드된 동영상을 카테고리별로 분류해 보고 싶은 영상을 빠르게 찾아 확인할 수 있습니다.

⑤ **커뮤니티** : 채널의 소식이나 공지사항을 게시하는 게시판 역할로 라이브 방송 시간 및 앨범과 관련된 정보를 확인할 수 있습니다.

01 홈 화면이나 앱스 화면에서 [유튜브] 앱을 터치하여
실행합니다.

02 유튜브 홈 화면이 나타나면 상단의 🔍을 터치합니다.

03 검색란에 보고싶은 영상의 키워드를 입력하고 🔍을 터치합니다.

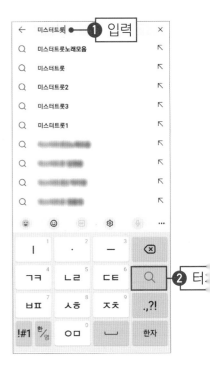

04 검색어와 연관된 동영상 및 채널 목록이 나타나면 그중 유튜브 채널을 터치합니다.

05 채널 홈 화면에서 [구독] 버튼을 터치합니다.

06 하단에 구독 완료 메시지가 나타나고 알람을 설정하기 위해 다시 [구독 중] 버튼을 터치합니다.

07 알림창이 나타나면 [전체]를 터치합니다.

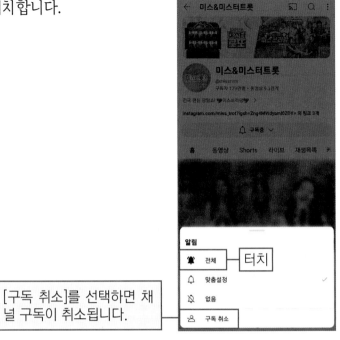

[구독 취소]를 선택하면 채널 구독이 취소됩니다.

08 '모든 알람을 수신합니다.'라는 메시지와 함께 알람이 설정됩니다.

▶ 유튜브 앱에서 동영상 보기

01 홈 화면이나 앱스 화면에서 [유튜브] 앱을 터치한 후
실행합니다.

02 유튜브 홈 화면이 나타나면 하단 메뉴 바의 [구독]을
터치합니다.

03 구독 중인 채널의 최신 영상 목록이 나타납니다. 보고
싶은 영상을 터치합니다.

04 재생 화면이 나타나고 광고가 있는 경우 [건너뛰기]를
터치한 후 영상을 시청합니다.

▶ 동영상 좋아요 및 댓글 등록

01 시청 중인 동영상이 마음에 든다면 👍을 터치해 좋아
요를 표시합니다.

02 이어서 댓글을 추가하기 위해 [댓글]을 터치합니다.

03 [댓글] 창이 나타나면 댓글 추가란을 터치합니다.

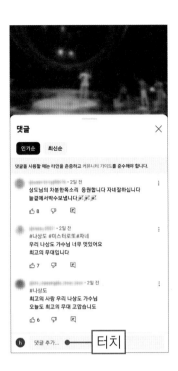

04 응원 메시지를 입력한 후 ▷을 터치합니다. 댓글이 추가되었습니다.

05 댓글 창의 [최신순] 버튼을 터치하면 최신 등록 순으로 댓글을 확인할 수 있습니다.

[인기순] 버튼을 터치하면 좋아요 개수가 많은 순서대로 댓글을 확인할 수 있습니다.

▶ 댓글 편집하기

01 등록한 댓글을 수정하기 위해 ⋮을 터치합니다. 댓글 창이 나타나고 [수정]을 터치합니다.

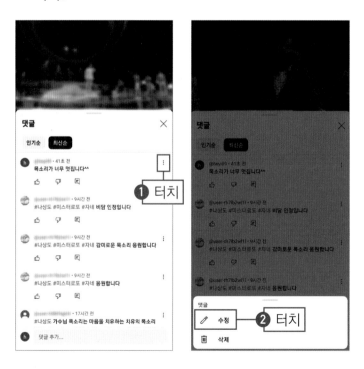

02 추가한 댓글이 활성화되면 글을 수정한 후 다시 ▷을 터치합니다.

03 하단에 '댓글을 수정했습니다.' 메시지가 나타나고 기존의 댓글에 '수정됨'이라는 표시가 추가됩니다.

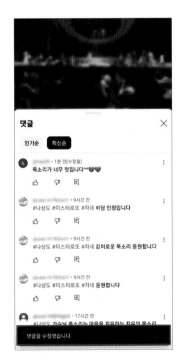

Chapter 05

덕질의 꽃,
음원 스트리밍하기

유료 음원 서비스 앱은 스마트폰으로 고음질의 음원을 들을 수 있는 앱으로 대표적으로 [멜론(◎)], [지니뮤직(ⓖ)], [Youtube music(▶)] 등이 있습니다. 이번 챕터에서는 우리나라 최다 이용자를 보유하고 있는 [멜론] 앱의 사용 방법을 알아보고 음악 앱을 이용해 좋아하는 가수의 노래를 들어보겠습니다.

step 1 유료 음원 서비스 앱 둘러보기

▶ 멜론 앱 설치 및 로그인

01 홈 화면이나 앱스 화면에서 [Play 스토어] 앱을 터치하여 실행한 후 검색란을 터치합니다.

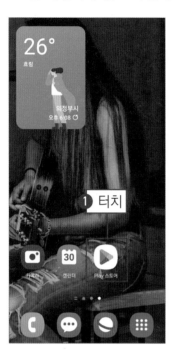
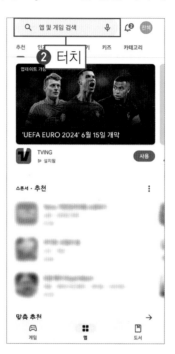

02 '멜론'을 입력한 후 관련 앱 목록이 나타나면 [멜론]을 터치하고 [설치] 버튼을 터치합니다.

03 설치가 완료되면 [열기] 버튼을 터치해 앱을 실행합니다.

04 멜론 홈 화면이 나타납니다. 화면 하단의 ▮▮을 터치합니다.

05 설정 화면 상단의 [로그인 해주세요.]를 터치합니다.

06 이어서 [카카오계정 로그인] 버튼을 터치합니다.

카카오 또는 멜론 계정이 없으면 간편 로그인이 불가합니다. [회원가입]을 터치해 가입을 완료한 후 로그인을 진행해 주세요.

07 카카오계정 선택창이 나타나면 [카카오톡으로 간편로그인] 버튼을 터치합니다. 로그인이 완료됐습니다.

▶ 멜론 앱 이용권 결제

01 이용권 구매를 위해 화면 상단의 [이용권] 버튼을 터치합니다.

02 이용권 구매 화면에서 [이용권]을 터치한 후 나에게 적합한 이용권을 선택해 [구매] 버튼을 터치합니다.

이용권마다 사용기한, 가격, 음원 다운로드 등의 조건이 다릅니다. 내가 원하는 조건을 잘 비교해보고 선택해 주세요.

03 스트리밍클럽 화면이 나타나면 약관에 [전체 동의] 버튼을 터치하고 스크롤을 내립니다.

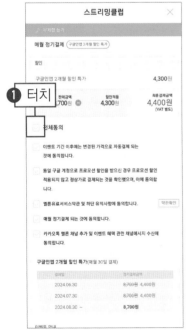
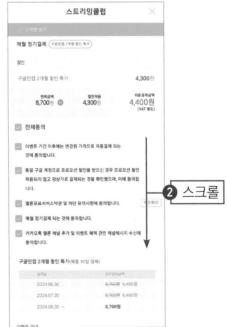

04 화면 맨 하단의 [구독하기] 버튼을 터치합니다. 이용권 결제 창이 나타나면 [정기 결제] 버튼을 터치합니다.

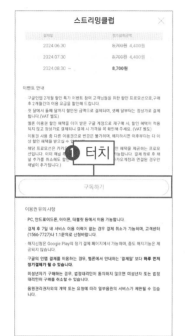

05 카카오 계정에 등록해 두었던 결제 정보로 이용권 구매가 완료되었습니다. [멜론 홈으로 이동] 버튼을 터치합니다.

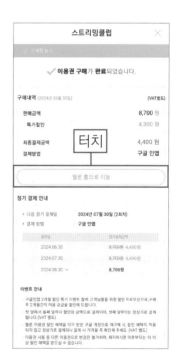

주목 💡

[멜론] 앱 이용권 정기 결제 수단은 [카카오페이] 외에 [휴대폰], [신용카드] 등의 방법으로도 가능합니다. 만약 개인정보 보호의 이유로 카드 정보 등록을 원하지 않는다면 [휴대폰] 정기 결제를 권장합니다.

01 멜론 홈 화면의 🔍을 터치하고 노래를 검색하기 위해 검색란을 터치합니다.

02 검색어를 입력한 후 🔍을 터치합니다.

03 검색 결과를 확인하고 [아티스트] 영역의 프로필을 터치합니다.

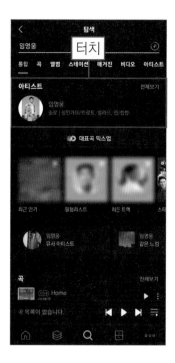

04 뮤직 프로필 화면이 나타나면 [곡] 영역으로 스크롤을 내립니다.

05 듣고 싶은 노래의 ▶을 터치합니다. 곡이 재생되면 재생 바에 노래 제목과 가수의 이름
이 나타납니다.

06 이어서 재생 바를 터치하면 현재 재생 곡의 전체 화면이 나타나고 앨범 표지와 노래 가
사를 확인할 수 있습니다.

 **재생 바 기능 소개**

재생 바의 각 기능에 대해서 자세히 알아보겠습니다.

① 셔플(shuffle, ⤨) : 재생목록의 순서가 아닌 무작위로 곡을 재생하는 기능

② 이전(◀) : 현재 재생 곡의 바로 이전 곡으로 돌아감

③ 정지(❚❚) : 음원 재생을 멈춤

④ 다음(▶) : 현재 재생 곡의 바로 다음 곡으로 넘어감

⑤ 반복(⟳) : 한 번 터치하면 재생목록이 반복 재생되고, 두 번 터치하면 현재 재생 곡이 반복 재생됨

⑥ EQ(Equalizer, ⟨EQ) : 음향 신호나 특정 주파수에 변동을 일으켜 음향 효과를 줌

⑦ 연동(◎) : 나의 멜론 계정을 다른 기기에 연동함

⑧ 목록(☰) : 나의 음원 재생목록

▶ 재생목록 편집하기

01 곡 재생 화면의 ⌄을 터치합니다. 프로필 화면으로 돌아가 [전체보기]를 터치합니다.

02 해당 가수의 전체 음원 목록이 나타납니다. [전체선택]을 터치하고 ▶을 터치합니다.

03 선택한 곡이 모두 나의 재생목록에 담겨 순서대로 음악이 재생됩니다. 재생 바의 ▤을 터치합니다.

04 재생목록에 담긴 노래는 편집도 가능합니다. 먼저 삭제를 원하는 곡을 선택합니다.

05 이어서 [삭제] 버튼을 터치합니다. 삭제 안내 창이 나타나면 [확인]을 터치합니다.

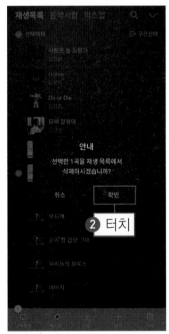

06 '1곡이 삭제되었습니다.'라는 메시지와 함께 선택한 곡
이 재생목록에서 삭제되었습니다.

▶ 나만의 플레이리스트 만들기

01 재생목록 화면에서 현재 재생 중인 노래의 앨범 표지를 터치하고 이어서 ⋮을 터치합니다.

02 재생 곡 정보 화면의 ➕을 터치하고 플레이리스트에 담기 화면에서 [새 리스트 만들기]를 터치합니다.

03 원하는 플레이리스트 제목을 입력하고 작성이 완료되면 [완료] 버튼을 터치합니다.

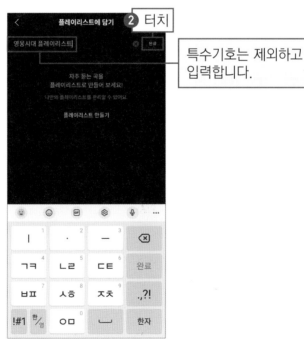

04 '1곡을 플레이리스트에 담았습니다.'라는 메시지가 화면에 나타납니다. [닫기]를 터치하고 노래를 추가하기 위해 을 터치합니다.

05 재생목록에서 플레이리스트에 담고 싶은 곡들을 추가로 선택한 후 을 터치합니다.

06 플레이리스트에 담기 화면에서 [영웅시대 플레이스트]를 터치합니다.

07 '3곡을 플레이리스트에 담았습니다.'라는 메시지가 나타납니다. 담은 곡을 확인하기 위해 상단의 [음악서랍]을 터치합니다.

08 음악서랍 화면에서 [영웅시대 플레이리스트]를 터치합니다. 추가한 곡들의 플레이리스트를 확인할 수 있습니다.

주목

[지니 뮤직], [벅스] 등의 음악 앱들도 [멜론] 앱과 동일한 방법으로 이용할 수 있습니다.

93

Chapter 06

전쟁의 서막,
콘서트 티켓팅 준비하기

덕질 생활 중 콘서트 관람은 내가 응원하는 가수와 같은 장소에서 함께 호흡하며 놀 수 있는
축제의 장입니다. 많은 팬덤을 보유한 가수의 콘서트는 일명 '피켓팅(피를 튀기는 티켓팅)' 이
라고 불릴 정도로 티켓 예매부터 치열한 사투를 벌이는데요. 이번 챕터에서는 본격적인 티켓
예매 전에 티켓 예매 앱을 살펴 보며 사용 방법을 자세히 알아보겠습니다.

SDI

인기 트롯트 가수
송버드 씨의
상암 콘서트 소식입니다

8 SDI NEWS 송버드, 9월 상암 콘서트 개최

뭐! 우리
송버드가 공연을
한다고?!!

티켓은
이번 달부터
예매 가능...
손녀에게
부탁해야겠다

송버드
콘서트
티켓을
예매해 줄 수
있겠니?

할머니 제가 그날
중요한 저녁 미팅이
있어서 어려울 거 같아요

아이쿠
그렇구나...

그럼 제가
방법을 알려드릴테니
한 번 도전해 보시겠어요?

그...그래?
도전해볼까?!

우선 공연 정보부터
알아볼까요?
할머니 잘 따라오세요

집 중

콘서트 티켓 예매는 티켓 예매 사이트를 이용해 진행합니다. 다양한 티켓 예매 사이트가 있지만, 그중 많은 사람이 이용하는 대표 예매 사이트에 대해 알아보겠습니다.

① 인터파크 티켓
국내 1위 티켓 예매 플랫폼으로 뮤지컬, 콘서트, 연극, 전시 등의 티켓을 예매할 수 있는 예매 전문 플랫폼입니다. 공연 및 이벤트와 관련한 다양한 정보를 제공하며 공연, 문화 영역의 티켓 판매 산업에서 가장 오래된 플랫폼입니다.

② 예스24 티켓
예스24에서 운영하는 티켓 예매 플랫폼으로 예스24 도서 계정이 있다면 별도의 회원가입 없이 티켓 예매가 가능합니다. 또한, 엔젤티켓, 슈퍼특가, YES포인트 적립 공연, 모바일 특가 등 특별한 할인 혜택을 제공하기도 합니다.

③ 멜론 티켓
국내 음악 플랫폼 1위 멜론에서 제공하는 티켓 예매 플랫폼으로 콘서트부터 뮤지컬, 연극, 전시 등 다양한 장르의 공연을 탐색할 수 있으며 빠르게 예매할 수 있습니다.

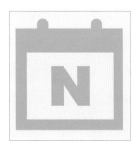

④ 네이버 예약
네이버 예약과 연동된 음식점, 공연, 등 모두 네이버에서 예약이 가능하며 별도의 회원가입 없이 네이버 아이디 하나로 공연 예약부터 결제까지 쉽고 편리하게 관리할 수 있습니다.

01 홈 화면이나 앱스 화면에서 [Play 스토어] 앱을 터치해 실행한 후 검색란을 터치합니다.

 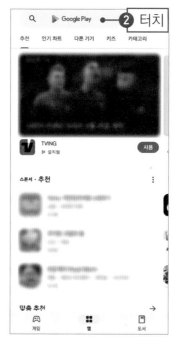

02 '예스24'를 입력하고 관련 앱 목록이 나타나면 [예스
24 티켓]을 선택합니다.

03 [예스24 티켓] 앱 화면의 [설치] 버튼을 터치하고 설치가 완료되면 [열기] 버튼을 터치합니다.

04 [예스24 티켓]의 홈 화면이 나타나고 상단의 [MY]를 터치합니다.

05 로그인 안내 창이 나타나면 [확인] 버튼을 터치합니다.

06 로그인 화면의 [예스24 회원가입] 버튼을 터치합니다.

주목 💡

카카오 및 네이버 계정으로도 회원가입이 가능하오니 가입을 원하는 계정을 터치한 후 약관에 동의하고 [연결하기] 버튼을 터치하면 회원가입이 완료됩니다.

07 회원가입 화면의 [예스24 전체약관에 동의합니다.]
를 선택하고 개인 정보를 모두 입력한 후 [인증번호 요
청] 버튼을 터치합니다.

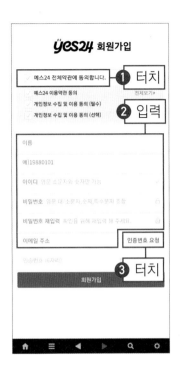

08 이메일로 인증번호가 전송되었습니다. 메일함을 확인
하기 위해 내비게이션 바의 ▢을 터치합니다.

09 홈 화면이나 앱스 화면에서 [네이버] 앱을 터치한 후 실행합니다.

10 네이버 홈 화면 상단의 ≡를 터치하고 바로가기 화면에서 [메일]을 터치합니다.

11 메일 목록 중 예스24에서 발송된 메일을 터치하고 인증번호를 확인한 후 내비게이션 바의 ⅢⅢ을 터치합니다.

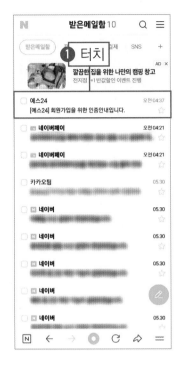
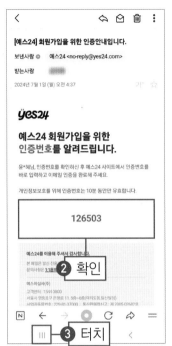

12 최신 앱 목록 화면이 나타나고 화면을 좌우로 스크롤하여 [예스24 티켓] 앱을 선택합니다.

13 회원가입 화면에서 확인한 인증번호를 입력하고 [회원가입] 버튼을 터치합니다.

14 회원가입이 완료되었습니다. [확인] 버튼을 터치합니다.

Chapter 07

결전의 날,
콘서트 티켓팅하기

드디어 결전의 날이 밝았습니다. 콘서트 티켓팅은 보통 컴퓨터로 진행하는 게 좀 더 유리하지
만 상황에 따라 스마트폰이 훨씬 수월할 때도 있습니다. 우리 본문에서는 스마트폰을 이용해
티켓팅에 도전합니다. 티켓팅을 진행하는 판매 사이트의 서버 시간을 확인하고 티켓 판매 앱
을 이용해 응원하는 가수의 콘서트 예매 방법을 자세히 알아보겠습니다.

01 홈 화면이나 앱스 화면에서 [yes24 티켓] 앱을 터치해
실행합니다.

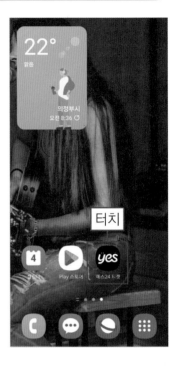

02 [yes24 티켓] 앱의 홈 화면이 나타납니다. 상단의
[MY]를 터치합니다.

03 로그인 안내 창이 나타나면 [확인] 버튼을 터치합니다.

04 로그인 화면이 나타나고 원하는 계정으로 로그인을 시
도합니다.

05 로그인이 완료되면 상단의 🔍을 터치합니다. 검색란에 관람을 원하는 가수를 입력하고 🔍을 터치합니다.

06 검색 결과 화면에서 공연장 및 날짜를 확인한 후 보고 싶은 공연을 터치합니다.

07 공연 상세 정보 화면에서 [예매하기] 버튼을 터치합니다.

08 일정 선택을 위한 캘린더가 나타나면 원하는 날짜를 터치합니다. 선택한 날짜의 공연 시간을 터치합니다.

09 좌석 구역 선택 화면이 나타나면 현재 남아 있는 좌석을 확인할 수 있습니다. 원하는 좌석 구역을 선택합니다.

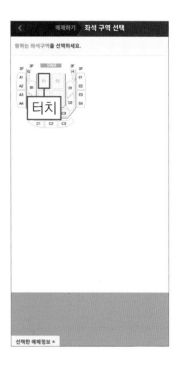

10 무대와의 거리를 확인한 후 좌석을 터치합니다.

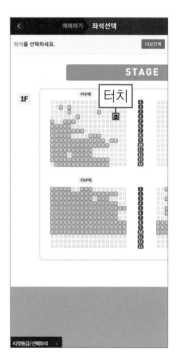

11 할인은 자동 적용되지 않으니 할인 대상자라면 [쿠폰 등록] 버튼을 터치하고 해당 사항이 없으면 [다음 단계] 버튼을 터치합니다.

12 이어서 티켓 수령 방법을 선택합니다. [배송]을 선택한 경우 [배송정보] 영역의 주소를 다시 한번 확인하고 [다음 단계] 버튼을 터치합니다.

> **주목** 💡
>
> 배송 정보를 새로 입력해야 한다면 [우편번호 찾기] 버튼을 터치해 배송 정보를 다시 등록합니다.

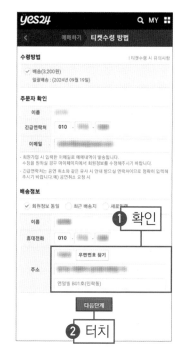

13 [예매선택정보] 영역의 관람일자, 시간, 좌석과 [결제내역] 영역의 총 결제 금액을 최종 확인한 후 스크롤을 내립니다.

14 이어서 [모두 동의합니다]를 터치하고 [다음 단계] 버튼을 터치합니다.

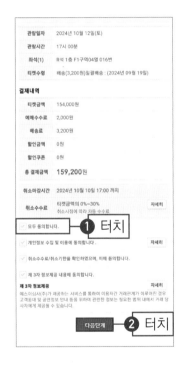

15 [결제수단 선택] 영역에서 결제를 진행할 수단을 선택하고 [결제하기] 버튼을 터치합니다.

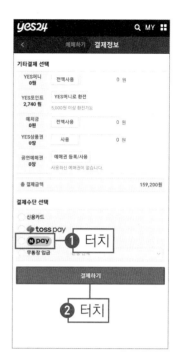

16 [네이버] 앱이 실행되면 아이디와 비밀번호를 입력해 로그인합니다.

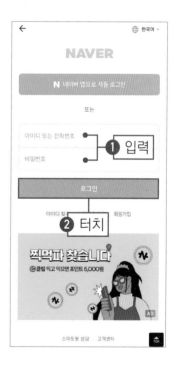

17 네이버 페이 결제 화면에서 네이버 페이에 등록해 놓은 간편결제 수단 중 하나를 선택해 결제를 진행합니다.

18 티켓 예매가 완료됐습니다.

주목 💡

네이버 페이 간편결제 사용 방법은 119쪽에서 더욱 자세히 설명하고 있습니다. 참고 바라며 네이버 페이 외에도 [신용카드], [무통장 입금] 등 다양한 결제 방식이 있으니 본인의 상황에 맞는 결제 방법을 선택하여 결제를 진행해 주세요.

주목 💡 네이비즘 서버 시간 설정하기

대형 가수의 콘서트 티켓 예매는 경쟁이 매우 치열해 티켓 예매 오픈 후 1분이라도 늦으면 엄청난 대기자를 마주하게 됩니다. 이럴 때 티켓 예매 사이트의 정확한 서버 시간을 확인하고 접속한다면 티켓팅 성공 확률을 높일 수 있습니다. 네이비즘은 선착순 서비스가 시작되는 사이트의 서버 시간을 제공해 주는 웹 사이트로 서버 시간 조회 시 가장 많이 사용하는 사이트입니다. 네이비즘 접속 및 사용 방법은 다음과 같습니다.

01 [네이버] 앱을 터치해 실행한 후 검색란에 '네이비즘'을 입력하고 🔍을 터치합니다. 검색 결과 상단의 [네이비즘 서버시간]을 터치합니다.

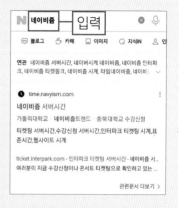

02 네이비즘 홈 화면의 검색란에 '인터파크'를 입력한 후 [Fight] 버튼을 터치합니다. 인터파크 티켓 사이트의 서버 시간이 나타납니다.

Chapter 08
덕질의 소확행, 굿즈 구매하기

TV 및 동영상 플랫폼에서 가수의 무대를 관람하는 팬들의 손에 쥔 응원봉을 본 적이 있으신 가요? 응원봉 외에 응원 문구가 새겨진 부채, 슬로건, 키링 등의 아이템을 굿즈라고 부릅니다. 공식 굿즈는 소속사가 운영하는 쇼핑몰에서 판매하며 내 마음에 쏙 드는 굿즈를 구매하는 것도 덕질의 즐거움이죠. 이번 챕터에서는 네이버 페이에 카드를 등록하는 방법과 공식 굿즈 구매 방법에 대해 자세히 알아보겠습니다.

▶ 네이버 페이

네이버에서 2015년에 출시한 간편결제 서비스입니다. 네이버 아이디 하나로 다양한 가맹점에서 별도의 가입 절차 없이 상품 및 디지털 콘텐츠를 결제할 수 있습니다. 사용 방법은 간단합니다. 네이버 페이에 자주 사용하는 체크 또는 신용카드를 등록하고 결제 비밀번호를 설정하면 상품 구매 시 복잡한 과정 없이 결제가 진행됩니다. [네이버 페이] 앱에서는 카드 외에도 현금 충전을 포함한 여러 형태의 간편결제 서비스를 지원하고 있으니 참고해 주세요.

▶ 네이버 페이 앱

[네이버 페이] 앱을 설치하여 카드를 등록해 놓으면 현장에서 실물 카드 없이 앱을 통한 결제가 가능합니다.

step 2 네이버 페이 카드 등록하기

01 홈 화면이나 앱스 화면에서 [네이버] 앱을 터치해 실행한 후 ⓟⓐⓨ을 터치합니다.

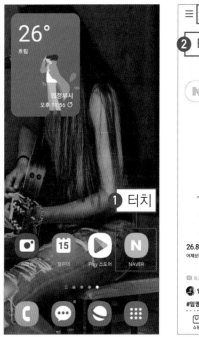 

02 네이버 페이 홈 화면이 나타나면 ≡을 터치합니다.

03 네이버 페이 메뉴에서 [페이 설정(⚙)]을 터치합니다. 이어서 [카드 관리]를 터치합니다.

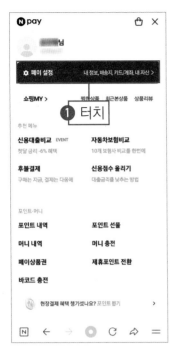

04 카드 관리 화면의 [카드 등록하기] 버튼을 터치한 후 신용 카드를 준비합니다.

05 카드 스캔을 위해 카드 정보가 보이도록 뒤집어 놓습니다. 스캔 화면 속 초록색 네모 칸에 카드가 딱 맞도록 화면을 조정합니다.

06 카드 정보가 스캔 됐습니다. 화면에 나타난 카드 번호와 실물 카드의 번호를 확인하고 일치하면 [확인] 버튼을 터치합니다.

07 스캔한 카드 번호 이외의 나머지 카드 정보를 입력한 후 [전체 약관 동의]를 터치하고
[완료] 버튼을 터치합니다.

08 본인 확인을 위한 화면이 나타나면 [ARS 본인 확인]
버튼을 터치하고 [다음] 버튼을 터치합니다.

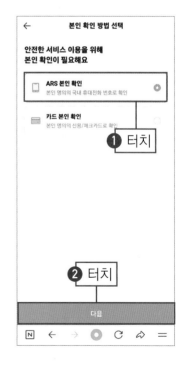

09 ARS 본인 확인 화면에 이름, 주민등록번호 등 정보를 차례로 입력하고 [다음] 버튼을 터치합니다. 약관 동의 창이 나타나면 [필수 약관에 모두 동의합니다]를 선택하고 [다음] 버튼을 터치합니다.

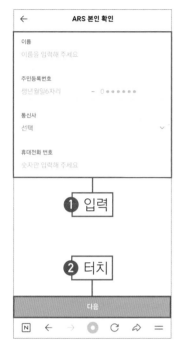
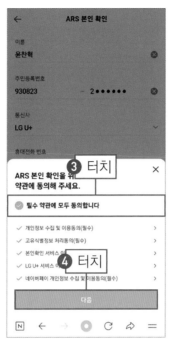

10 화면의 여섯 자리 숫자를 기억한 후 [ARS 전화 요청] 버튼을 터치합니다. 전화가 오면 발신 상태에서 키패드를 이용해 화면의 숫자를 입력합니다.

11 입력한 숫자가 모두 확인되면 자동으로 전화가 종료되어 다시 ARS 본인 확인 화면으로 돌아옵니다. 하단의 [본인 확인 완료] 버튼을 터치합니다.

12 결제 비밀번호를 설정하기 위해 비밀번호 여섯 자리를 터치합니다. 이어서 한 번 더 비밀번호를 터치해 줍니다.

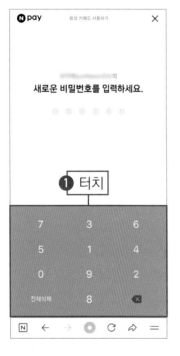

13 결제 비밀번호 설정 완료 창이 나타나면 [확인] 버튼을 터치합니다.

14 카드 등록이 완료됐습니다.

step 3 공식 굿즈 구매하기

01 [네이버] 앱을 실행한 후 검색란을 터치해 '임영웅 공식 굿즈'를 입력하고 🔍을 터치합니다.

02 검색 결과 화면의 [임영웅 공식 MD 판매 몰]을 터치합니다. MD 판매 몰 홈 화면이 나타나면 ☰을 터치합니다.

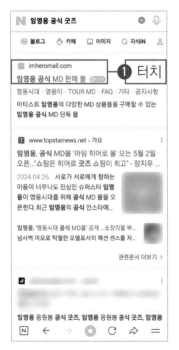

03 [회원가입]을 터치하고 회원가입 화면의 [모든 약관을 확인하고 전체 동의합니다.]를 터치한 후 [다음] 버튼을 터치합니다.

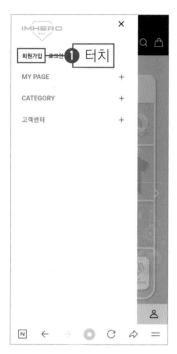
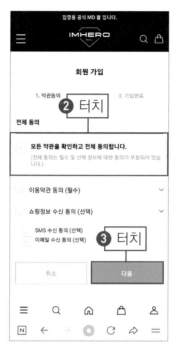

04 이어서 회원인증을 위해 [휴대폰 인증]을 터치합니다. 휴대폰 인증 화면에서 이용 중인 통신사를 선택하고 [전체 동의하기]를 터치한 후 [문자(SMS)로 인증하기] 버튼을 터치합니다.

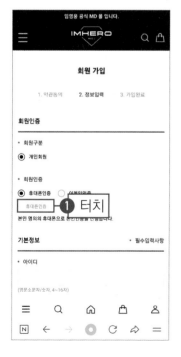

05 이름, 주민등록번호 등 차례로 정보를 입력한 후 [확인] 버튼을 터치하면 문자로 인증 번호가 발송됩니다. 숫자 입력란에 확인한 번호를 입력하고 [인증확인] 버튼을 터치합니다.

06 [회원인증] 영역의 [휴대폰인증]에 '본인 인증이 완료 되었습니다.'라는 메시지가 나타납니다. [기본정보] 영역으로 스크롤을 내립니다.

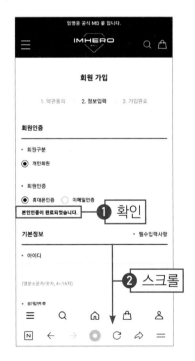

07 공식 굿즈몰에서 사용할 아이디와 비밀번호를 입력하고 [주소검색] 버튼을 터치합니다.

'사용 가능한 아이디입니다'라는 메시지가 나타나야 회원가입이 가능합니다.

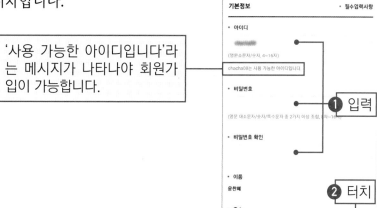

08 검색란을 터치해 주소를 입력한 후 🔍을 터치합니다. 주소 목록에서 [지번]과 [도로명] 주소 표기 중 하나를 선택합니다.

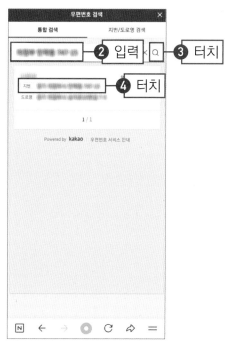

09 나머지 주소란을 터치해 상세 주소를 입력하고 [휴대전화] 영역에서 번호를 입력한 후 [인증번호받기] 버튼을 터치합니다. 문자로 인증번호가 발송됐습니다.

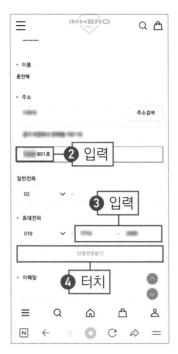

10 인증번호 입력란에 확인한 번호를 입력하고 [확인] 버튼을 터치합니다. 이어서 이메일 주소를 입력합니다.

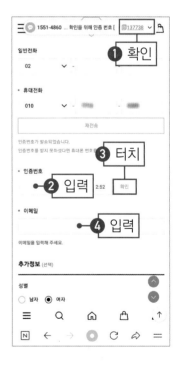

11 [추가정보] 영역은 선택 사항으로 [가입하기] 버튼을 터치합니다. 회원가입 완료 메시지가 나타나면 [로그인] 버튼을 터치합니다.

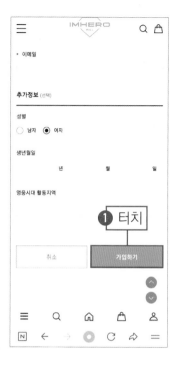 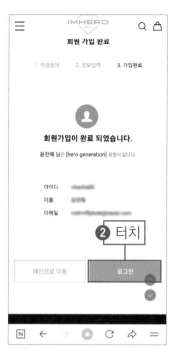

12 아이디와 비밀번호를 입력한 후 [로그인] 버튼을 터치합니다. 공식 MD 몰 로그인이 완료됐습니다.

화면의 스크롤을 내리면 카테고리별 다양한 아이템을 바로 확인할 수 있습니다.

▶ 응원봉 구매하기

01 공식 MD 몰 홈 화면의 **≡**을 터치합니다.

02 [CATEGORY]를 터치하고 [영웅시대]를 선택합니다.

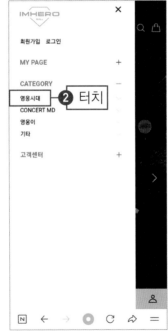

03 영웅시대 화면이 나타나면 [응원봉]을 터치합니다.

04 이어서 [[영웅시대] 공식 응원봉]을 터치합니다.

05 상품 상세 화면이 나타나고 상품 이미지 아래 판매가 및 배송방법 등 상품과 관련한 기본 정보를 확인한 후 [구매하기] 버튼을 터치합니다.

06 주문/결제 화면에서 자동 입력된 기본 정보를 확인하고 배송지 주소만 다시 입력합니다.

07 [결제수단] 영역으로 스크롤을 내려 [네이버페이] 버튼을 터치하고 [48,000원 결제하기] 버튼을 터치합니다.

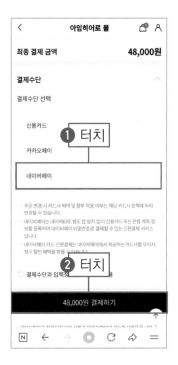

08 네이버 페이 화면이 나타나면 [결제수단] 영역으로 스크롤을 내립니다.

09 [결제수단] 영역에서 [카드 간편결제]를 터치하고 등록한 카드를 선택합니다.

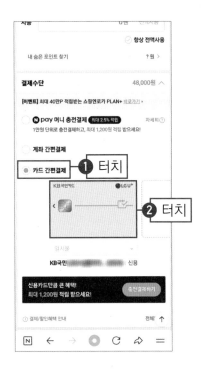

10 화면 맨 하단의 [결제하기] 버튼을 터치합니다.

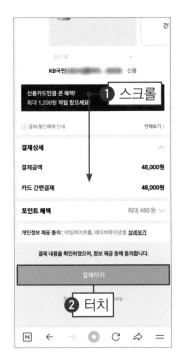

11 카드 등록 시 설정했던 결제 비밀번호 여섯 자리를 터치합니다.

12 굿즈 주문이 완료됐습니다. 등록한 배송지 정보와 연락처를 다시 한번 확인합니다.

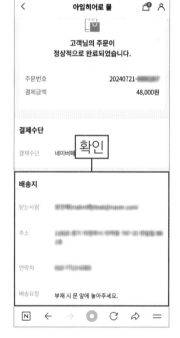

주목 💡

공식 굿즈는 팬카페나 소속사 홈페이지에서 구매 주소를 확인할 수 있습니다. 개인이 만든 굿즈를 공식으로 속여 판매하는 경우도 있으니 구매 전 공식 인증을 받은 굿즈가 맞는지 꼭 확인하세요.

Chapter 09

덕질의 하이라이트,
공연장 찾아가기

드디어 오매불망 기다리던 콘서트 날입니다. 대중교통 및 도보로 이동할 경우 [네이버 지도 (🗺)] 앱을 이용해 길을 찾고 조금 먼 거리의 경우 [카카오 T(🚕)] 앱으로 택시를 호출해 이동 한다면 콘서트장까지 가는 건 어렵지 않습니다. 이번 챕터에서는 교통 앱을 활용하여 콘서트 장까지의 여정을 자세히 알아보겠습니다.

01 홈 화면이나 앱스 화면에서 [카카오톡] 앱을 터치해 실행하고 하단 메뉴 바의 [더보기 (⋯)]를 터치합니다.

02 더보기 화면에서 [전체 서비스(⊞)]를 선택한 다음 [카카오 T]를 터치합니다.

03 [카카오 T] 앱이 실행되면 하단의 [카카오계정으로 시작하기] 버튼을 터치합니다.

주목 💡

[카카오 T] 앱이 설치되어 있지 않으면 화면 하단에 [Play 스토어] 창이 나타납니다. 화면의 [설치] 버튼을 터치해 [카카오 T] 앱을 설치합니다. 앱의 접근 권한을 묻는 창이 나타나면 [동의]를 터치해야 원활한 앱 사용이 가능합니다.

04 카카오 T 홈 화면이 나타나면 [택시]를 터치합니다.

05 지도에 나의 현재 위치가 표시됩니다. [어디로 갈까요?]를 터치합니다.

지도의 ⊙는 '현재 내 위치'로 돌아오는 기능입니다. 먼 곳으로 지도를 움직이거나 서비스 오류로 내 위치를 정확히 찾지 못할 때 터치하면 다시 현재 내 위치로 돌아올 수 있습니다. 지도 기반의 모든 앱에 필수로 있는 기능이니 기억해 주세요.

06 [도착지 검색]을 터치해 도착지를 입력하면 유사 지명과 건물명이 나옵니다. 일치하는 곳을 터치합니다.

07 이어서 세부 주소까지 확인한 후 [도착] 버튼을 터치합니다.

주목 💡

현재 위치가 아닌 다른 곳으로 택시를 부르려면 [출발지 검색]을 터치해 원하는 위치로 출발지를 입력하면 됩니다.

08 출발지에서 도착지까지의 경로와 예상 소요 시간이 지도에 표시됩니다. 택시 종류 및 예상 요금을 확인하고 원하는 택시를 터치합니다. 차량 크기는 탑승 인원을 고려해 선택하고 [호출하기] 버튼을 터치합니다.

09 결제 수단 창이 나타나면 화면을 스크롤하여 원하는 결제수단을 선택하고 [적용하기] 버튼을 터치합니다.

10 택시 호출을 위한 기본 설정이 완료되었습니다. [호출하기] 버튼을 터치합니다.

11 잠시 후 택시 호출에 성공하면 자동차 번호와 함께 기사님의 프로필이 화면에 나타납니다.

01 홈 화면이나 앱스 화면에서 [네이버 지도] 앱을 터치
한 후 실행합니다.

02 앱의 홈 화면이 나타나면 검색란을 터치합니다.

03 검색란에 출발지를 입력하고 일치하는 장소를 터치합니다.

04 출발지의 상세 정보가 나타나면 확인한 후 [출발] 버튼을 터치합니다.

05 이어서 도착지 입력란을 터치해 도착지를 입력하고 일치하는 도착지를 선택합니다.

06 출발지와 도착지 설정이 끝났으면 🚌을 터치합니다. 대중교통 별로 경로를 확인할 수 있고 원하는 이동 수단을 선택하면 지도 화면에 더욱 상세히 경로가 나타납니다.

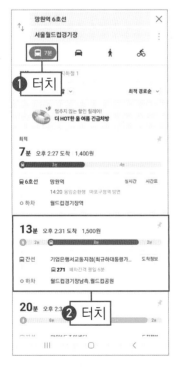

07 화면 상단의 〈을 터치하고 이번에는 🚗을 터치합니다.

08 자동차 이동 경로가 나타납니다. [안내시작] 버튼을 터치하면 내비게이션 기능이 실행되어 음성으로 상세 경로를 안내해 줍니다.

Chapter 10
최고의 순간,
사진으로 기록하고 편집하기

드디어 콘서트장에 도착했습니다. 오늘 하루를 나의 최애와 함께 행복으로 물들일 준비가 되셨나요? 콘서트 시작 전 공연장 이곳저곳을 돌아다니며 팬들을 위해 준비된 포토존에 가서 이 날의 추억을 사진으로 기록해 보세요. 이번 챕터에서는 사진 촬영 방법 및 편집에 대해 자세히 알아보겠습니다.

아들, 고맙다

아버지, 감사해요

콘서트가 끝난 후 집 앞 공원

후우우우우~

아버지, 사진 어때요?

흔들린 사진이 많네

흔들린 사진은 편집 기능으로 수정 가능해요

오?! 그래?

고맙다, 얼른 수정해보자!

네! 집에 가서 제가 알려드릴게요

01 홈 화면이나 앱스 화면에서 [카메라(📷)] 앱을 터치해 실행하고 촬영 모드는 [사진]으로 선택합니다.

02 원하는 피사체를 화면에 담은 후 [셔터]를 터치해 사진을 촬영합니다.

촬영이 완료되면 하단의 [미리보기]를 터치해 촬영한 사진을 확인할 수 있습니다.

▶ 파노라마 사진 촬영하기

01 카메라 화면의 [더보기]를 터치한 후 이어서 [파노라마]를 선택합니다.

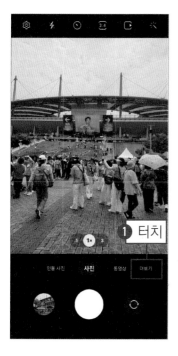 

02 [셔터] 버튼을 터치한 후 화면 중앙의 촬영 화면을 확인해 원하는 방향으로 천천히 카메라를 이동합니다.

03 공연장을 배경으로 멋진 파노라마 사진이 촬영됐습니다.

[파노라마] 기능 외에도 야외에서 촬영하면 좋은 갤럭시 사진 앱 기능들이 있습니다.
바로 [싱글테이크]와 [야간] 기능입니다.

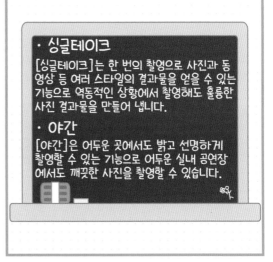

· 싱글테이크
[싱글테이크]는 한 번의 촬영으로 사진과 동영상 등 여러 스타일의 결과물을 얻을 수 있는 기능으로 역동적인 상황에서 촬영해도 훌륭한 사진 결과물을 만들어 냅니다.

· 야간
[야간]은 어두운 곳에서도 밝고 선명하게 촬영할 수 있는 기능으로 어두운 실내 공연장에서도 깨끗한 사진을 촬영할 수 있습니다.

step 2 동영상 촬영하기

01 홈 화면이나 앱스 화면에서 [카메라] 앱을 터치해 실행한 후 촬영 모드를 [동영상]으로 선택합니다.

02 [녹화] 버튼을 터치해 녹화를 시작하면 화면 상단에 타임코드가 작동합니다.

03 화면의 ⏸를 터치하면 녹화가 잠시 중단되고 한 번 더
터치하면 녹화가 재개됩니다.

04 촬영한 동영상과 사진은 모두 [갤러리] 앱에서 확인할
수 있습니다.

▶ 수직/수평 조정하기

01 홈 화면이나 앱스 화면에서 [갤러리] 앱을 터치해 실행한 후 [최근 항목]에서 편집을 원하는 사진을 선택합니다.

02 화면 하단의 ⟨⟩을 터치하고 ⊞을 터치합니다.

03 [수평] 버튼을 터치한 후 눈금을 스크롤합니다. 수평이 맞춰지면 스크롤을 종료하고
   [완료] 버튼을 터치합니다.

04 사진을 확인한 후 [저장]을 터치합니다.

▶ 사진 리마스터하기

01 사진 화면 하단의 🔢을 터치하고 [사진 리마스터]를 선택합니다.

02 사진이 선명하게 보정되며 원본과 리마스터 기능이 적용된 화면이 함께 나타납니다.
좌측으로 끝까지 스크롤한 후 [저장]을 터치합니다.

03 원본과 비교해 구도에 안정감이 생기고 초점이 선명하게 맞춰진 사진으로 편집됐습니다.

▲수정 전

▲수정 후

▶ 필터 사용하기

01 [갤러리] 앱에서 편집을 원하는 사진을 선택합니다.

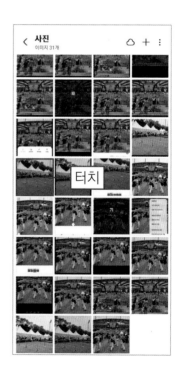

02 화면 하단의 🖉을 터치하고 ⬚를 터치합니다.

03 다양한 필터 목록이 나타나고 스크롤하여 원하는 필터를 선택한 후 [저장] 버튼을 터치합니다.

04 원본과 비교해 좀 더 밝고 청량한 분위기의 사진이 완성됐습니다.

▲수정 전

▲수정 후

▶ AI 지우개 사용하기

01 [갤러리] 앱에서 수정을 원하는 사진을 선택하고 화면 하단의 🖉을 터치합니다.

02 편집 화면 하단의 ⋮을 터치합니다. 설정 창이 나타나면 [AI 자우개(⊚)]를 터치합니다.

03 사진에서 삭제하고 싶은 영역을 드래그해 그립니다.

04 테두리를 따라 점선이 표시되고 하단에 [지우기] 버튼이 활성화됩니다. [지우기] 버튼을 터치합니다.

 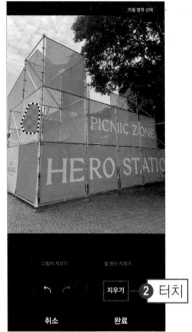

05 화면에서 피사체가 삭제됐습니다. [완료]를 터치해 편집을 종료하고 상단의 [저장] 버튼을 터치합니다.

06 원본과 비교해 시선이 분산되지 않고 한곳에 집중할 수 있는 사진이 완성됐습니다.

▲수정 전

▲수정 후

시니어를 위한 유쾌한 덕질 생활

초 판 발 행	2024년 10월 10일
발 행 인	박영일
책 임 편 집	이해욱
저 자	윤찬혜
편 집 진 행	성지은
표 지 디 자 인	김지수
편 집 디 자 인	김지현
발 행 처	시대인
공 급 처	(주)시대고시기획
출 판 등 록	제 10-1521호
주 소	서울시 마포구 큰우물로 75 [도화동 538 성지 B/D] 6F
전 화	1600-3600
홈 페 이 지	www.sdedu.co.kr

I S B N	979-11-383-7834-5 [13000]
정 가	15,800원

시대인은 종합교육그룹 (주)시대고시기획 · 시대교육의 단행본 브랜드입니다.